こどもといっしょに食べる
はじめてのごはん

野口真紀

はじめに

素材の味がわかるものを、手間暇を惜しまずに作ってあげたい。母親になったばかりの私は離乳食を始めるとき、まず、そんなことを思ったものです。

離乳食は、私たちが食べているものとかたちは違えど素材は同じ。まずはそこからスタートしてみてください。何を食べさせればいいのか？　どうすればいいのか？　という前に、自分たちが普段口にしている素材を思い出してみればいいのです。あとは、赤ちゃんに合うようやわらかく、そして味付けもごく薄く。そして人肌に冷ます。それだけでOK。カンタンです。

皆さんにも皆さんの赤ちゃんにもこのカンタンさと素材が織りなすおいしさを知ってもらいたくて、私が娘に作ってきた離乳食をまとめてみました。

離乳食のレシピ集としてはもちろん、素材のページを見ながら、赤ちゃんに話しかけたりする絵本としても使っていただけたらいいなぁと思い、まとめた一冊です。

この本のレシピで皆さんの赤ちゃんがいつもおいしい笑顔でいられることを願って。

2005年　野口真紀

 もくじ

はじめに	2
この本の使い方	7
そろえておきたい道具	8
食器の煮沸消毒	9

まずはここからはじめよう！
お米 10
十分がゆ 11
五分がゆ 11
三分がゆ 11

野菜・果物 12

りんご 14
りんごとにんじんのフレッシュスープ 15
りんごとさつまいものやわらか煮 15
りんごのレモン煮 15

バナナ 16
バナナの真っ黒オーブン焼き 17
バナナヨーグルト 17
バナナソテー 17

さつまいも 18
さつまいものオーブン焼きスープ 19
さつまいものごまあえ 19
さつまいものゴロゴロごまみそスープ 19

ほうれん草 20
ほうれん草と白身魚のおかゆ 21
ほうれん草入りあんかけにゅうめん 21
ほうれん草と鶏ひき肉の卵とじ 21

かぼちゃ 22
かぼちゃのペースト 23
かぼちゃの煮物 23
かぼちゃとさつまいものサラダ 23

ブロッコリー 24
ブロッコリーとしらすのおかゆ 25
ブロッコリーとポテトのクリームパスタ 25
ブロッコリーとめかじきのトマト煮 25

トマト 26
トマトのとろとろスープ 27
トマトのリゾット 27
トマトと卵のさっと炒め 27

そら豆 28
そら豆のスープ 29
そら豆とじゃがいものマッシュ 29
お豆ごはん 29

じゃがいも 30
じゃがいもと豆腐のとろとろスープ 31
じゃがいもとカッテージチーズのサラダ 31
じゃがいものニョッキトマトソースあえ 31

赤ちゃんの大好きなもの①
とろみの話 32
ホワイトソース 32
和風あん 33

基本のスープ 34

和風スープ 36

鶏と野菜のスープ 38

にぼしのスープ 40

離乳食こぼれ話① 42

赤ちゃんの大好きなもの② 44
茶碗蒸しの話

肉・魚・その他 46

白身魚 48
白身魚のペースト 49
白身魚の昆布蒸し 49
白身魚のコロコロ照り焼き 49

しらす 50
しらすとにんじんのトロトロ煮 51
しらすと大根のさっと煮 51
しらすといろいろ野菜のすいとん 51

鶏のささみ肉 52
ささみのスープ 53
ささみと豆腐のとろとろ 53
ささみのマヨネーズ焼き 53

鶏レバー 54
レバーとじゃがいものホットサラダ 55
レバーの甘辛煮 55

離乳食こぼれ話② 56

豆腐 58
豆腐、豆乳、ほうれん草のスープ 59
炒り豆腐 59
豆腐のステーキ 59

パン 60
すりおろしりんごパンがゆ 61
ふわふわフレンチトースト 61
パンピザ 61

おわりに 62

この本の使い方

スプーンのマークについて

写真に付いているスプーンの数は、赤ちゃんの成長を表しています。赤ちゃんの成長に合わせて、各素材から料理を作ってあげましょう。

スプーン1…初期（5〜6か月）。
舌を前後に動かすことしかできない時期。お母さんの乳首とほ乳ビンの乳首しか吸ったことのない赤ちゃんがスプーンで飲み込むことを覚える最初のレッスンです。離乳食の目安は、全体的にトロトロとした状態で固形のものがないもの。

スプーン2…中期（7〜8か月）。
食べ物を舌でつぶすことができるようになる頃。口を動かし、モグモグとできるようになります。離乳食の目安は、指でカンタンにつぶせるくらいのやわらかさのもの。

スプーン3…後期（9〜11か月）。
舌で左右に食べ物を動かし、歯茎でつぶせるようになる頃。離乳食の目安は指に少し力を入れた程度でつぶれるくらいのもの。

離乳食のはじめ方

初期、中期、後期といわれている赤ちゃんの離乳食に関するものはあくまでも目安のひとつ。ぴったりと数字を合わせるのではなく、お子さんの成長に合わせてスプーンの数や離乳食を選ぶようにしてください。また、ごはんの回数の目安は離乳食の回数です。1日のごはんの量は、離乳食に母乳や粉ミルクを組み合わせて調整をしてください。

＊ごはんの回数の目安　　スプーン1…1日1回
　　　　　　　　　　　　スプーン2…1日2回
　　　　　　　　　　　　スプーン3…1日3回

料理をする前に

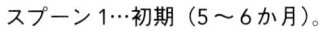

＊野菜の皮は特に表記のない限り、皮をむいてからの作業を表しています。
＊「すりおろす」は、おろし器ですりおろすということ。
＊「すりつぶす」は、すり鉢ですりつぶすということ。
＊鍋は特に表記のない限り、厚手のものを使用しています。
＊だし汁は、かつおぶしと昆布からとったものです。
＊野菜類は特に表記がない場合でもよく洗ってから使ってください。
＊蒸し器、オーブンなどに使う皿はすべて耐熱用のものを使用してください。
＊すべてのメニューがアレルギー反応しないものというわけではありません。お子さんの調子や様子を見ながら、各メニューを与えてあげるようにしてください。特に牛乳は、調理に使用する以外は1歳になるまでそのまま飲ませたりしないように。卵も離乳食の後期くらいから徐々に加えていき、いきなりそのまま食べさせたりしないようにしてください。また、基本のスープで紹介しているにぼしはアレルギー反応が出やすい場合もあります。これも後期以降のメニューと組み合わせて使うようにしてください。
＊すべてのメニューは1回分ではなく、作りやすい分量になっています。残ったものは味を調整して大人用にしてもいいし、小分けにして冷凍しても便利に使えます。

そろえておきたい道具

すり鉢とすりこぎ
離乳食はとにかく、細かくつぶすことから始まります。素材をすりつぶすときに欠かせないのがすり鉢とすりこぎ。大は小を兼ねますが、少量つぶすことが多いので、できれば小さめのものを用意しておくと何かと便利。

さらし
スープをとったときや、すりおろした果物などは漉すことが大切。清潔なさらしで漉す、絞るは離乳食の基本です。写真のようにあらかじめ使いやすい大きさに切っておくといいですよ。

スプーン
"ファーストスプーン"。記念すべき、はじめのひとさじ用スプーンは小さくて、平らで口に入れやすいものが一番ですが、見た目のかわいさも少し重視して選ぶと、食事を作るのもより楽しくなります。

おろし器
りんごやにんじんなどをすりおろすときに欠かせないもの。平らのおろし器は力をそんなに使うことなくすりおろせるので、おすすめ。私は煮沸消毒もしやすいセラミック製を使用しています。

食器は煮沸消毒してから使いましょう

細かいことは気にせず、と言いたいところですが、初期の赤ちゃんは免疫力もなく、繊細です。食器や扱う道具などは必ず煮沸消毒してから使うようにしましょう。

1 大きめの鍋（お皿などが入るくらいのもの）に湯を沸かします。沸騰したら、使用する器や道具をひとつずつ入れ、2〜3分ほど煮沸します。

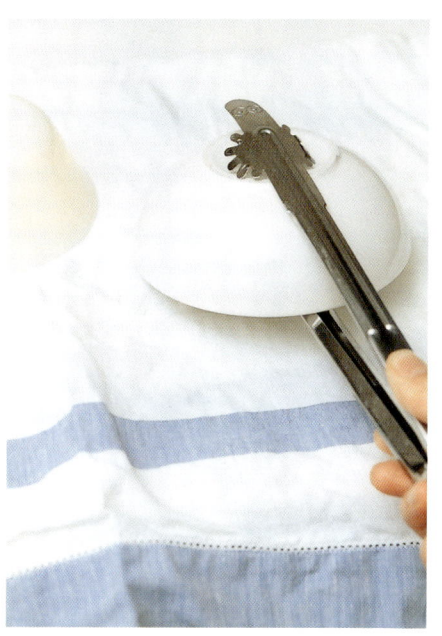

2 煮沸した順にトングでつかみ、清潔なふきんの上などにおき、自然乾燥させます。これで完了です。鍋の中からお皿などを取り出すときには、くれぐれも手で直接つかんだりせず、トングでとるように。せっかく消毒した意味がなくなってしまいますから。

まずはここからはじめよう！

お米

日本人の主食である、お米。赤ちゃんの離乳食・第一歩もまずはここから始まります。炊いたご飯からではなく、お米から作るおかゆの仕上がりは、お米本来の甘く、やわらかな味わい。お米のおいしさを知ったのは、実はこの頃だったのかもしれません。

米　水
1 : 10

米　水
1 : 5

米　水
1 : 3

十分がゆ

材料
米　1/2カップ
水　5カップ

作り方
1 米はとぎ、ざるに上げておきます。
2 鍋に米と水を入れ、30分ほどゆっくりと浸水させましょう（写真）。
3 2の鍋を火にかけ、沸騰したらふたを取り、弱火にして45〜50分炊きます。米がとろとろになったら火からおろし、ふたをして10分ほど蒸らします。
4 炊けたおかゆをとろとろになるまでていねいにすりつぶします。水分が足りないようなら湯を足して調整します。ほぼ、水分のような状態になったらできあがりです。

五分がゆ

材料
米　1/2カップ
水　2と1/2カップ

作り方
1 米はとぎ、ざるに上げておきます。
2 鍋に米と水を入れ、30分ほどゆっくりと浸水させましょう（写真）。
3 2の鍋を火にかけ、沸騰したらふたを取り、弱火にして45〜50分炊きます。米がとろっとしたら火からおろし、ふたをして10分ほど蒸らします。

三分がゆ

材料
米　1/2カップ
水　1カップ

作り方
1 米はとぎ、ざるに上げておきます。
2 鍋に米と水を入れ、30分ほどゆっくりと浸水させましょう（写真）。
3 2の鍋を火にかけ、沸騰したらふたを取り、弱火にして45〜50分炊きます。米がやわらかくなったら火からおろし、ふたをして10分ほど蒸らします。

vegetables+fruit

野菜・果物

普段私たちが食べている野菜や果物といった素材こそが、離乳食の大切な食材となるもの。特に緑黄色野菜といわれる緑のもの、食物繊維を多く含む根菜やビタミン類が豊富にバランスよく入っているものなどがその代表選手です。主体となる9つの素材をもとに初期から後期までの離乳食をまとめてみました。

apple
りんご

サクサクとした食感がおいしいと思えたのは、大きくなってからのこと。幼いころのりんごの思い出といえば、風邪をひいたときにすりおろしてもらった、とろっとした食感ぐらい。それでもあの赤くて丸いピカピカしたかたちが何よりも好きでした。

りんごとにんじんのフレッシュスープ

材料
りんご：にんじん
　　1　：　1

作り方
1 りんごとにんじんは、それぞれすりおろします。
2 鍋にすりおろしたりんごとにんじんを入れ、弱火でひと煮させます。
3 さましてから器に注ぎます。

りんごとさつまいものやわらか煮

材料
りんご　1/2個
さつまいも（小）　1/2個（70g）
水　50cc

作り方
1 りんごとさつまいもは、5mm角に切ります。
2 鍋に1のりんごとさつまいも、水を入れます（写真）。ふたをして弱火にかけ、30〜40分ほどじっくりと蒸し煮にします。途中、時々ざっと混ぜ合わせ、焦げ付きを防止して。
＊粒が大きいようなら粗めにつぶしてから食べさせてあげましょう。

りんごのレモン煮

材料
りんご　1個
レモン汁　1/2個分
砂糖　大さじ1
＊サンドイッチ用食パン　適宜

作り方
1 りんごは、小さめに切ります。
2 鍋に1のりんごとレモン汁、砂糖を入れ、ふたをして弱火にかけます。りんごがクタクタにやわらかくなるまで30〜40分ほどじっくりと蒸し煮にします。
3 仕上げにヘラなどでりんごを粗めにつぶし、水分をとばしてから火をとめます。
4 サンドイッチ用の食パンに適量のせ、もう1枚の食パンでサンドします。
＊ヨーグルトにかけてもおいしいですよ。

banana
バナナ

名前と見た目のかわいさからは想像もできないほど、ビタミンや繊維質などを含んでいるパワフルな果物。そのまま焼いても、ジュースにしても、バナナらしい味わいを失うことなくいただけるのもいいところです。

バナナの真っ黒オーブン焼き

材料
バナナ　1本

作り方
1 バナナは皮付きのままオーブンペーパーをしいた天板にのせ、180℃のオーブンで10分ほど焼きます。
2 真っ黒になった皮をむき、ペースト状になるまですりつぶします。
＊ バナナがペースト状になりにくいようだったら、湯少々を加え、様子をみながらつぶしていくといいですよ。
＊ 残ったバナナは冷蔵保存して翌日までに使いきりましょう。大人が食べてもおいしいですよ。

バナナヨーグルト

材料
バナナ　1/3本
ヨーグルト　大さじ3〜4

作り方
バナナはフォークで粗めにつぶします（写真）。グラスにヨーグルトを入れ、つぶしたバナナをとろりとのせます。

バナナソテー

材料
バナナ　1本
バター　少々

作り方
1 バナナは、1cm幅の輪切りにします。
2 フライパンにバターを熱し、1のバナナを両面こんがりと焼きめがつき、表面がとろりとするくらいまで焼きます。

sweet potato
さつまいも

焼きいもをふたつに割ったときのあのふわっとした、やわらかな甘い香りは大人になった今でも常に心躍るものがあります。スープに入れてコトコト煮ても、丸ごとオーブンで焼いてもおいしいですよ。

さつまいものオーブン焼きスープ

材料
さつまいも（中）　1本
湯　適量

作り方
1. さつまいもはよく洗い、泥などを落とします。皮のままアルミホイルで全体を包み、160℃のオーブンで1時間ほどじっくりと焼きます。
2. 熱いうちに皮をむき、ペースト状になるまですりつぶします。少しずつ湯を加え、スープ状にのばします。

＊残ったさつまいもは冷蔵保存して1～2日以内に使いきりましょう。

さつまいものごまあえ

材料
さつまいものオーブン焼き（皮をむいたもの）　1本
いりごま（白）　大さじ2
しょうゆ　少々

作り方
ごまをすりつぶし、しょうゆと小さめに切ったさつまいもを加えます。さつまいもをすりつぶしながら全体をていねいにすり混ぜます。

さつまいものゴロゴロごまみそスープ

材料
さつまいも（小）　1/2本
里いも　2個
にんじん　5cm
だし汁　2カップ
いりごま（白）　大さじ2
みそ　大さじ1強

作り方
1. さつまいも、里いも、にんじんは、食べやすいよう小さめに切ります。
2. 鍋に1の野菜とだし汁を入れ、火にかけます。沸騰したら弱火にし、野菜がやわらかくなるまで煮ます。
3. ごまをすりつぶし、みそを加えてすり混ぜます。みそとごまが合わさったら、鍋中のだし汁を少々加えてのばしておきましょう。
4. 野菜に火が通ったら、3を加え、ざっくりと混ぜ合わせます。

spinach
ほうれん草

ポパイよろしく、ほうれん草にはパワーがつくといったイメージがあります。ビタミンCが豊富なことでも知られていますが、それより何より、ゆでても炒めてもおいしいのが好きな理由。小さいころは、母の作るほうれん草のごまあえがほうれん草料理ナンバーワンでした。

ほうれん草と白身魚のおかゆ

材料
十分がゆ (P11参照)　子供茶碗1杯弱
ほうれん草　1株
白身魚のペースト (P49参照)　小さじ1

作り方
1 ほうれん草は沸騰した湯でやわらかくなるまでゆでます。
2 1のほうれん草と白身魚のペーストを合わせ、すりつぶします（写真）。
3 2におかゆを加え、スプーンなどでさっと混ぜ合わせ、完成です。
＊もう少しとろんとした状態にしたい場合は、沸騰させた湯を少々加えて調整してみてください。

ほうれん草入りあんかけにゅうめん

材料
ほうれん草　2株
かぶ　1/4個
そうめん　10〜15本
和風あん (P33参照)　大さじ2〜3

作り方
1 ほうれん草は沸騰した湯でやわらかくゆで、細かく刻みます。かぶは、5〜6cm角に切り、水からやわらかくゆで上げます。そうめんは沸騰した湯でやわらかくゆで、1cm長さに切ります。
2 鍋に1のほうれん草とかぶ、そうめん、和風あんを入れて火にかけます。
3 ひと煮立ちしたところで、火をとめます。

ほうれん草と鶏ひき肉の卵とじ

材料
ほうれん草　3株
鶏むねひき肉（鶏ささみ肉でも可）30〜40g
卵　1個
A　だし汁　大さじ5
　　酒　小さじ1/2
　　砂糖　小さじ1/2
　　しょうゆ　小さじ1/2

作り方
1 鍋にひき肉とAを入れ、火にかけます。ひき肉をさい箸などでほぐしながら火を通し、アクが出てきたら取り除きます。
2 1に細かく切ったほうれん草を加え、やわらかくなるまで煮ます。
3 2に割りほぐした卵を加え、ふたをして蒸し煮にします。卵に火が通ったら火をとめ、完成です。
＊そのままでもごはんにかけてもおいしいですよ。

pumpkin
かぼちゃ

おやつにもおかずにもなる野菜のひとつ、かぼちゃ。ぽくぽくとした食感もいいけれど、赤ちゃんにはまず、なめらかなペーストからおいしさを教えてあげましょう。色味がきれいなこともごはんの時間を楽しくするポイントになりますから。

かぼちゃのペースト

材料
かぼちゃ　1/8個（200g）

作り方
1 かぼちゃはワタと種を取り除き、4〜5cm角に切ります。
2 蒸気の上がった蒸し器に1のかぼちゃを入れ、20分ほど蒸します。
3 蒸し上がったかぼちゃの皮を取り除き、ペースト状になるまですりつぶし、完成。
＊かぼちゃがペースト状になりにくいようだったら、湯少々を加え、様子を見ながらつぶしていくといいですよ。

かぼちゃの煮物

材料
かぼちゃ　1/4個（400g）
砂糖　大さじ1
しょうゆ　大さじ1/2
水　50cc

作り方
1 かぼちゃはワタと種を取り除き、皮つきのまま3〜4cm角に切ります。
2 小鍋にかぼちゃを入れ、砂糖をふりかけます。そのまましばらくおき、かぼちゃから水分が出てきたら、しょうゆと水を加え、ふたをして火にかけます。沸騰したら弱火にして、やわらかくなるまで蒸し煮にします。
＊皮はすりつぶしたりして食べさせてください。

かぼちゃとさつまいものサラダ

材料
かぼちゃ　1/8個（200g）
さつまいも　200g
塩・オリーブオイル　各少々
パセリ　適宜

作り方
1 かぼちゃはワタと種を取り除き、小さめに切ります。さつまいもは小さめに切ります。
2 かぼちゃとさつまいもを水からやわらかくなるまでゆで、水気をきります。
3 2を粗めにつぶし、塩とオリーブオイルを加え混ぜます。仕上げにパセリのみじん切りを散らして。

broccoli
ブロッコリー

肉や魚の付け合わせ。これがブロッコリーに対するはじめての印象でした。が、ゆでてそのまま食べたときの甘みを知ってからは、うちの娘の常備野菜に。ゆでるが一番ですが、スープなどに入れて煮たり、ペーストにしてショートパスタと合わせたりするのもおすすめ。

ブロッコリーとしらすのおかゆ

材料
十分がゆ（P11参照）　子供茶碗1杯弱
ブロッコリー　10g（穂先の部分のみ）
しらす　小さじ1

作り方
1　ブロッコリーは沸騰した湯でやわらかくゆでます。しらすは沸騰した湯でさっとゆで、塩分を取り除いておきましょう。
2　1のブロッコリーとしらすを順に、ペースト状になるまでよくすりつぶします。
3　2におかゆを加え、よくすり混ぜ、できあがり。

ブロッコリーとポテトのクリームパスタ

材料
ブロッコリー　20g
じゃがいも　1/4個
マカロニ　20g
ホワイトソース（P32参照）　大さじ2
塩　少々

作り方
1　沸騰した湯に小さめに切ったじゃがいもとマカロニを入れ、火にかけます。指定時間ゆでたら、小房に分けたブロッコリーを加え、さらに2〜3分ゆでます。
2　ボウルにあたためたホワイトソースと水気をきった1を入れ、ざっとあえます。味をみて足りないようだったら、塩で調味してください。

ブロッコリーとめかじきのトマト煮

材料
ブロッコリー　1/4房
めかじき　1切れ
湯むきしたトマト（小）　1個
塩　少々

作り方
1　ブロッコリーは小房に分けます。めかじきは2〜3cm角に切り、さっと湯通ししておきましょう。トマトは小さめに切ります。
2　鍋にめかじきとトマトを入れ、火にかけます。ふたをして10分ほど中火で煮、ブロッコリーを加えます。ふたをしてさらに3〜4分ほど蒸し煮にして、塩で調味します。

tomato
トマト

トマトジュース、トマトソース、トマト煮などトマトを使った製品がいろいろ出回るくらい、トマトは万能な野菜です。さっと火を通し、すりつぶすだけでスープになったり、ソースにもなるんですから。そのままを味わう本当の甘みは、大人になってからのお楽しみということで。

トマトのとろとろスープ

材料
トマト　1個

作り方
1　トマトはへその部分に十字に軽く切り込みを入れ、湯むきして種を取り除きます。
2　1のトマトをすりおろします。

トマトのリゾット

材料
トマト（中）1/2個
五分がゆ（P11参照）　子供茶碗1杯弱

作り方
1　トマトはへその部分に十字に軽く切り込みを入れ、湯むきして種を取り除きます。
2　1のトマトをみじん切りにし、できたてのおかゆに加え、ひと煮立ちさせたら完成。

トマトと卵のさっと炒め

材料
トマト　1/2個
卵　1個
塩　少々
サラダ油　少々

作り方
1　トマトはへその部分に十字に軽く切り込みを入れ、湯むきして種を取り除きます。卵は割りほぐし、塩を加えて、混ぜ合わせておきましょう。
2　フライパンにサラダ油を熱し、1の卵を流し入れます。いり卵を作る要領でざっと火を通し、半熟くらいでいったん取り出します。
3　同じフライパンに小さめに切ったトマトを入れ、炒めます。トマトがとろけてきたら、2の卵を戻し入れ、合わせながら、完全に火を通します。

broad bean
そら豆

ふかふかのおふとんで眠っているそら豆の姿が大好き。それを大事にそぉっとむいて、ゆでたてを食べるのはもっと大好き。多少、ゆですぎたっておいしいのは野菜自身の力なのかもしれません。スープにはもちろん、サラダ風にもおかゆに混ぜても OK です。

そら豆のスープ

材料
そら豆　3~4粒
湯　適量

作り方
1 そら豆は、沸騰した湯でやわらかくゆでます。
2 1の皮をむいてペースト状になるまでよくすりつぶし（写真）、沸騰した湯を少しずつ加え、混ぜ合わせます。スープ状に整え、完成です。

そら豆とじゃがいものマッシュ

材料
そら豆　5粒
じゃがいも（小）　1個
塩　少々

作り方
1 そら豆は、沸騰した湯でやわらかくゆでます。じゃがいもはよく洗い、蒸気の上がった蒸し器でやわらかく蒸してから皮をむきます。
2 1をよくすりつぶし、塩少々を加えて味を調えます。
＊じゃがいもはいっきに2～3個蒸しておくと便利です。冷蔵庫で2～3日保存可。

お豆ごはん

材料
そら豆　5粒
三分がゆ（P11参照）　子供茶碗1杯分

作り方
1 そら豆は沸騰した湯でおかゆと同じくらいのやわらかさになるまでゆでます。
2 1をさっくりと粗めにつぶし、おかゆに混ぜ合わせます。

potato
じゃがいも

丸ごとゆでて、バターをおとしただけのじゃがいもは、幼い頃好きだったおやつのひとつです。ホクホクしたおいしさと、ちょっと煮くずれたくらい水分を含んだときのなめらかな感じ。両方ともうちの娘のお気に入りでした。

じゃがいもと豆腐のとろとろスープ

材料
じゃがいも（小）　1個
絹ごし豆腐　1/8丁
水　少々

作り方
1 じゃがいもは適当な大きさに切り、水からやわらかくなるまでゆでます。豆腐は沸騰した湯でさっと湯通しします。
2 1のじゃがいもをペースト状にすりつぶします。
3 水気をきった1の豆腐を2に加え、すり混ぜます。
4 鍋に3と水を入れ、火にかけます。ひと煮立ちしたら火をとめ、人肌に冷まします。

じゃがいもとカッテージチーズのサラダ

材料
じゃがいも（小）　1個
カッテージチーズ　大さじ1

作り方
1 じゃがいもは適当な大きさに切り、水からやわらかくなるまでゆでます。
2 1のじゃがいもをペースト状にすりつぶします。
3 2にカッテージチーズを加え、さっくりと混ぜ合わせて完成です。

じゃがいものニョッキトマトソースあえ

材料
じゃがいも　1個
薄力粉　100g
湯むきしたトマト　2個
オリーブオイル　少々
塩　少々

作り方
1 じゃがいもは適当な大きさに切り、水からやわらかくなるまでゆでます。
2 1のじゃがいもをすりつぶし、薄力粉を加えて手でこね、まとめます。
3 2の生地を小さく丸めて指でつぶし、ニョッキ型に整え（写真）、沸騰した湯で2〜3分ゆでます。
4 フライパンにオリーブオイルを熱し、小さめに切ったトマトを炒めます。塩で味を調え、3とあえます。

赤ちゃんの大好きなもの ①
とろみの話

赤ちゃんはとろとろの食感が大好きです。和風でもホワイトソースでも蒸した野菜や豆腐、魚にかければ、とっても食べやすくなるのです。ホワイトソースはマカロニを加えてグラタンにも。ほんのちょっとの手間暇が赤ちゃんの笑顔につながりますよ。

＊バターを使用しているので、中期の赤ちゃんから与えるようにしてください。

ホワイトソース

材料
バター　　20g
薄力粉　　20g
牛乳　　1カップ
塩　少々

作り方
1 フライパンにバターを熱し、薄力粉を加えてヘラで混ぜ合わせます（弱火）。

2 粉っぽさがなくなり、クツクツと煮立ってきたら、牛乳を少しずつ加えながらゴムベラでダマにならないように混ぜ合わせましょう。

3 牛乳をすべて加え、クリーミーな状態になったら塩で味を調えます。

＊ゆで野菜やパスタにからめたり、グラタンにしたりと便利です。

和風あん

材料
だし汁　1カップ
しょうゆ　小さじ1/2
みりん　小さじ1
塩　少々
片栗粉　小さじ2

作り方
1　鍋にだし汁を入れ、火にかけます。

2　ひと煮立ちしたら、調味料類をすべて加えて調味し、火をとめます。

3　2に大さじ4の水で溶いた片栗粉を加え、よく混ぜ合わせます。
＊ゆで野菜にからめたり、そうめんにかけたり。

basic soup

基本のスープ

手間はかかりますが、作っておくと便利な3つのスープ。赤ちゃんのためだけではなく、リゾットや煮物、みそ汁、鍋物を作るときなど大人のごはんにも大いに活用できるので、多めに作って保存しておくのがベター。ていねいにとったスープは、素材の味をより一層おいしく引き立ててくれる名脇役でもあるのです。

Basic Soup

和風スープ

かつおぶしと昆布からとったスタンダードなスープ。これさえあれば、みそ汁も野菜をさっと煮るのもあっという間においしく仕上がります。海の力をしみじみ感じる、基本中の基本のベース・スープです。

和風スープ

材料
かつおぶし　20g
昆布（15×7cm）　1枚

作り方
1 鍋に水6カップと昆布を入れ、中弱火にかけ、沸騰寸前に昆布を取り出します。

2 1がひと煮立ちしたら、かつおぶしを加えて5秒たってから火をとめます。

3 ざるにキッチンペーパーやさらしなどを敷き、2を濾します（火をとめたらすぐに濾すこと）。

＊みそ汁に、煮物に、スープのもとにも。

鶏と野菜のスープ

鶏肉と野菜をコトコト煮込んで作るスープ。透明の液体には、それぞれの素材の旨味がたっぷり。赤ちゃんにはそのままのシンプルな味わいを、大人はオリーブオイルや塩をプラスしてどうぞ。

> **step 1**

> **step 2**

> **step 3**

野菜スープ

材料
骨付き鶏もも肉　1本（約180g）
玉ねぎ（小）　1個
にんじん（中）　1本
じゃがいも（小）　2個
黒粒こしょう　適宜

作り方
1 鶏肉は骨にそって、両面縦に切り込みを入れ、沸騰した湯でさっとゆでます。野菜はよく洗っておきます。
2 鍋に水8カップとすべての材料を入れ強火にかけます。
3 沸騰したらアクを取り、鍋中の水面が静かに揺れるくらいの弱火にし、1時間ほど煮込みます。
4 ざるにキッチンペーパーやガーゼなどを敷き、3を濾します。
＊煮物やスープのベースとして重宝します。
＊野菜はすりつぶして与えてもよいでしょう。

にぼしのスープ

お魚から出るだしの旨味を知るスープ。ちょっとしたクセのある味わいもおいしさのうち。和風ベースの煮物やスープ、みそ汁に。かつおぶしと昆布の組み合わせだけではなく、これも知っておくと、より万能です。

にぼしスープ

材料
にぼし　20g

作り方
1 にぼしは内臓とエラの黒い部分を取り除き、フライパンでから炒りします。
2 鍋に水5カップと1のにぼしを入れ、1時間ほどおきます。
3 2を中弱火にかけ、アクを取り除きながらじっくりと煮出します。沸騰してからさらに弱火にして5〜6分ほど煮出し、火をとめます。
4 ざるにキッチンペーパーやさらしなどを敷き、3を濾します。

＊みそ汁に、煮物に、韓国料理にも。
＊にぼしはアレルギー反応が出る場合もあるので、注意して使用してください。

離乳食こぼれ話 ①

＊口移しやママが口に入れた
カトラリー類はNG。

大人の口の中は、想像以上に雑菌がいっぱい。ふうふうしながら、味をみたりしたスプーンで直接、赤ちゃんに離乳食を食べさせると、たちまち赤ちゃんの口の中にも雑菌が繁殖してしまいます。赤ちゃんにはまだまだ免疫力がありません。くれぐれも、うっかり同じスプーンで……なんてことのないよう、気をつけて。

＊離乳食の味付けは薄味で。

当たり前のことのように聞こえますが、離乳食は薄味が基本です。赤ちゃんのころから濃い味付けでしか食事ができないと、素材そのもののおいしさを知ることができなくなってしまうのです。離乳食は、ほとんど調味しないくらいで十分、というふうに考えていればいいと思います。逆に、赤ちゃんのための味見で、お母さんも素材本来の味をもう一度味わってみてください。

＊素材はなるべくオーガニックを！

すべてをオーガニックにというと、大変そうですが、無理なく興味のあるものから取り寄せなどしてみるといいでしょう。農家の方が個人的にやっている契約式の野菜宅配便などもあるので、いろいろ調べてみて納得のいくものを少しずつ、というのがおすすめです。いずれにしても赤ちゃんに農薬いっぱいの野菜を与えるのは、抵抗があるというもの。無理なく、できる範囲内で始めてみてください。本当の野菜のおいしさを実感できるはずですから。

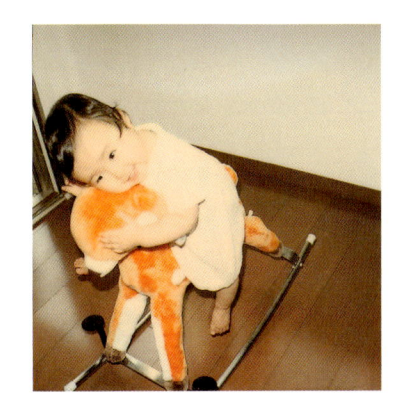

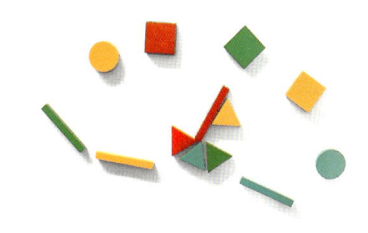

赤ちゃんの大好きなもの ②
茶碗蒸しの話

つるんとした喉ごしと卵とおだしの優しい味わいは、赤ちゃんも大好き。食欲がないときだって、この"つるん"さえあれば大丈夫です。少々手間はかかりますが、時間があるときにはぜひ、作ってみてください。一度食べたら必ずもう一度作りたくなる、そんな味わいですから。＊卵を使用しているので、後期の赤ちゃんから与えるようにしてください。

step 1

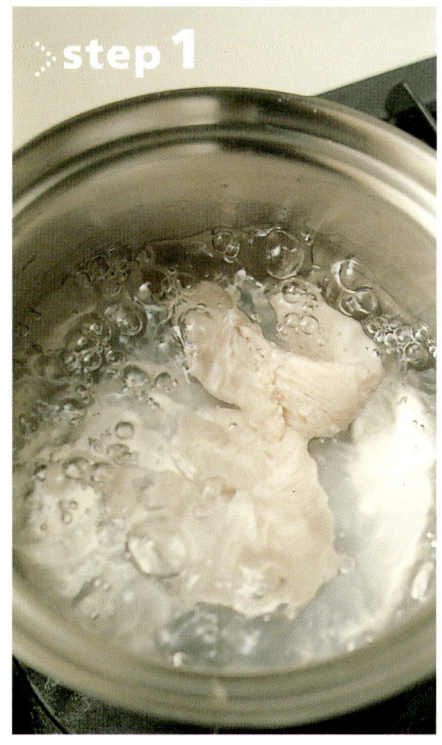

材料
鶏ささみ肉　2本（70g）
卵　3個
だし汁　500cc
A　うす口しょうゆ　小さじ2/3
　　みりん・酒　各小さじ1
　　塩　少々

作り方
1　鶏肉は沸騰した湯でさっとゆでます。

step 2

2　ボウルに割りほぐした卵とAを入れ、混ぜ合わせます。少しずつだし汁を加え、泡立てないようにさい箸などで切るようにほぐしてからざるで濾します。

step 3

3　器に小さめに切った1の鶏肉を入れ、2の卵液を注ぎ入れます。軽くアルミホイルをかぶせて蒸し器にセットします。

step 4

4　3を蒸気の上がった蒸し器で強火で2〜3分、弱火で12〜13分蒸します。

＊茶碗蒸しにすができないようにするには、火加減が大切です。火加減の調節をお忘れなく！

＊写真の茶碗蒸しは大人用です。赤ちゃん用は左記のレシピ通り、鶏肉以外の具は入れずに作ってください。

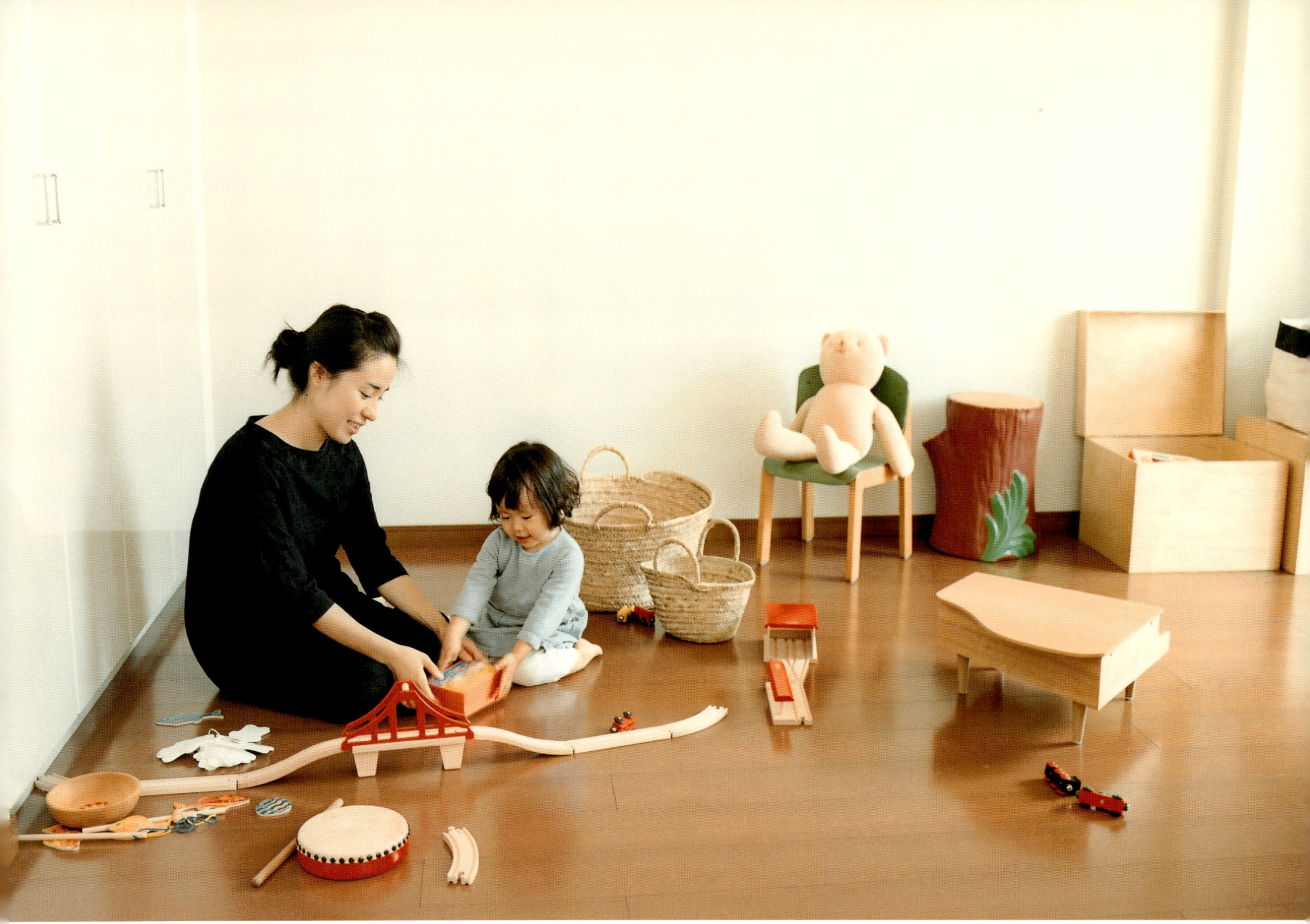

meat + fish + other

肉・魚・その他

赤ちゃんが肉や魚を楽しむのはまだまだ遠い先のこと？ いえいえ、そんなことありません。肉や魚のなかでもやわらかく、脂身の少ないやさしい味わいの鶏肉のささみ、白身魚やしらすなどは離乳食に欠かせない食材。厳選した4つの素材で作った初期から後期までの離乳食は、野菜やおかゆと合わせてもOK。

white fish
白身魚

シンプルに蒸したり、照り焼きにするだけで十分においしい白身魚。さっぱりしているのに、ほどよいコクがあるところも赤ちゃんにぴったりの食材です。今回はたいを使いましたが、ひらめやたらなどでもおいしいですよ。

白身魚のペースト

材 料
たい、かれい、ひらめなどの
白身魚の切り身　1/2切れ
湯　適量

作り方
1　魚は沸騰した湯でしっかりとゆで、骨や小骨をていねいに取り除きます。
2　1の魚をペースト状にすりつぶします（湯を少しずつ加えながら、のばすようにすりつぶしていくとよい）。
＊おかゆにのせたり、ゆでたじゃがいもやトマトを一緒にすりつぶしてあげても。
＊魚の切り身は必ず新鮮なものを使用してください。（以下同）

白身魚の昆布蒸し

材 料
たい、かれい、ひらめなどの
白身魚の切り身　1/2切れ
昆布10cm角×1枚
酒・塩　各少々

作り方
1　お皿に乾いたふきんでさっとふいた昆布を敷き、魚をのせ、上から酒と塩をふります。
2　蒸気の上がった蒸し器に1を皿ごと入れ、5～6分蒸します。
＊蒸し上がった魚は、細かくほぐして食べさせてあげてください。

白身魚のコロコロ照り焼き

材 料
たい、かれい、ひらめなどの
白身魚の切り身　1/2切れ
酒・しょうゆ・みりん　各小さじ1/3
水　小さじ1/2
サラダ油 少々

作り方
1　魚は2cm角ほどに切ります。
2　フライパンにサラダ油を熱し、1の魚の両面をさっと焼きます。
3　魚に火が通ったら、調味料類と水を加え、からめながら炒めます。

shirasu
しらす

さっと湯通しして、ペーストにして、炒めてなど、さまざまな調理法で使えるしらす干し。赤ちゃんのごはんになくてはならない食材のひとつです。小さなその姿かたちも、なぜだかほっとなごみます。

しらすとにんじんのトロトロ煮

材料
しらす　小さじ1
じゃがいも　1/4個
にんじん　1cm

作り方
1 じゃがいもとにんじんは3cm角ほどに切ります。
2 じゃがいもとにんじんを水からゆで、やわらかくなったらしらすを加え、ひと煮立ちさせます。
3 2の水気をきり、よくすりつぶします。
＊水分が足りないようなら、湯を少しずつ加え、とろみを調節してください。

しらすと大根のさっと煮

材料
しらす　大さじ2
大根　3cm
だし汁　1カップ

作り方
1 しらすはさっと湯通しし、塩分を抜きます。大根は5mm弱ほどのサイコロ型に切ります。
2 鍋にしらす、大根、だし汁を入れ、大根がやわらかくなるまで煮ましょう。
＊粒が大きいようなら粗めにつぶしてから食べさせてあげましょう。

しらすといろいろ野菜のすいとん

材料
しらす　大さじ2　　　だし汁　400cc
ごぼう　1/3本　　　　しょうゆ　大さじ1/2
にんじん　3cm　　　　酒　大さじ1
小松菜　1株　　　　　（すいとん）
しいたけ　2枚　　　　薄力粉　大さじ4
　　　　　　　　　　　湯　大さじ2～3

作り方
1 ごぼう、にんじんは小さめに切ります。小松菜は1～2cm幅のざく切りに、しいたけは軸を取り除き、みじん切りにします。
2 ボウルにすいとんの材料を入れ、混ぜ合わせます。
3 鍋にだし汁、ごぼう、にんじんを入れ火にかけます。
4 3がやわらかくなったら、小松菜としいたけを加えやわらかくなるまで煮、しょうゆと酒で調味します。
5 2のすいとんをスプーンで鍋に落とし入れます。すいとんが浮いてきたら、しらすを加え、さらに4～5分煮込みます。

chicken breast
鶏のささみ肉

鶏肉の部位のなかでも、もっとも淡泊でやわらかな味わいのささみ。スープをとったり、ゆでたり、マヨネーズとあえたり……。何かと便利です。ママのダイエット時にも強い味方になってくれる食材ですよ。

ささみのスープ

材 料
鶏ささみ肉　3本（約150g）
玉ねぎ　1/4個
にんじん　3cm
水　3カップ

作り方
1 玉ねぎはざく切りに、にんじんは半分に切ります。
2 鍋に1と鶏肉、水を入れ火にかけます。15分ほど煮たら、ざるで濾します。
＊スープには塩をほんの少し加えたり、中に十分がゆ（p11参照）を入れたりしてもいいですよ。

ささみと豆腐のとろとろ

材 料
鶏ささみ肉　1/2本（約25g）
絹ごし豆腐　1/8個
湯むきしたトマト　少々
塩　少々

作り方
1 お皿に鶏肉をのせ、酒と塩を少々（分量外）ふり、蒸気の立った蒸し器で10分ほど蒸します。
2 1をよくすりつぶし、豆腐を加え、さらにすり混ぜます。
3 2に塩少々を加え、さっと合わせます。器に盛り、小さめに切ったトマトを散らします。

ささみのマヨネーズ焼き

材 料
鶏ささみ肉　1/2本（約25g）
A　マヨネーズ　小さじ1
　　牛乳 小さじ　1/2
　　パセリ　少々

作り方
1 お皿に鶏肉をのせ、酒と塩を少々（分量外）ふり、蒸気の立った蒸し器で10分ほど蒸します。蒸し上がった鶏肉は、手で細く裂きます（写真）。Aはよく混ぜ合わせておきましょう。
2 お皿に1の鶏肉を入れ、上からAをかけます。
3 2をオーブントースターで表面にうっすら焦げめがつくまで焼きます。

鶏レバー

栄養があることだけは十分すぎるほどわかっているのですが、なかなか家で調理することの少ない素材のひとつ。下処理さえ覚えてしまえば、あとはカンタン！　やわらかくておいしいレバーがおうちで楽しめます。

レバーの下処理

1 表面をさっと水洗いします。

2 血合いや余分な脂を取り除きます。

3 沸騰した湯でゆでてアクを取り、さらに10分ほど弱火で火を通します。

4 3をざるに上げ、水でさっと洗います。

5 ざるに上げ、水気をきって下処理終了です。

レバーとじゃがいものホットサラダ

材料
レバーの甘辛煮（p55参照）　15g
じゃがいも　1個

作り方
1 レバーの甘辛煮をペースト状になるまですりつぶします。
2 じゃがいもは小さく切って、水からやわらかくなるまでゆでます。
3 2を1に加え、すり混ぜます。ボソボソするようだったら、湯を少しずつ加えてのばしましょう。

レバーの甘辛煮

材料
鶏レバー　300g
A しょうがの薄切り　1/2片分
　酒　50cc
　砂糖　大さじ1
　しょうゆ　大さじ2〜3
　水　50cc

作り方
鍋にAと下処理したレバーを入れ、火にかけます。ひと煮立ちしたら弱火にし、水分が1/3量になるくらいまでコトコト煮たらできあがり。

離乳食こぼれ話 ②

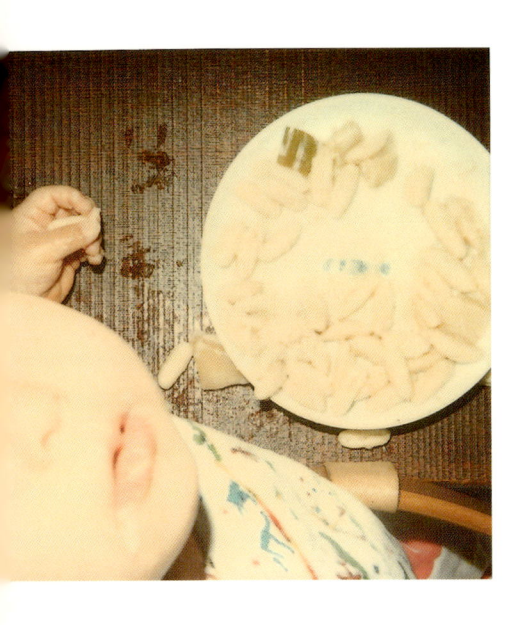

＊電子レンジよりも蒸す、
ゆでる調理を。

「ふっくら」や「ほっくり」とした食感に仕上げるにはもちろん、素材そのもののおいしさを十分に引き出すためには、やはり、電子レンジを使って火を通すよりも「蒸す」「ゆでる」のほうが断然おいしい！　しかも蒸せば栄養分もおちません。慣れてしまえば意外とかんたんだし、めんどうではなくなるもの。がんばってやってみましょう！

＊食べることは
楽しいことだと感じさせる。
離乳食の時期も後半になってくると自分の意思でいろいろなものを食べたがります。そんなときは例え、テーブル上が汚れたりしたとしてもある程度意思を尊重してあげましょう。食事を楽しい時間だと認識させ、食べることを楽しむようにさせてあげるのも大切なことなのです。

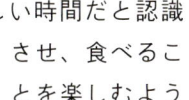

＊避けたほうがよいもの。
カレーやアジア料理、さまざまなスープには、いろいろなスパイスや香草がたっぷり。それが好きという人も多いと思いますが、赤ちゃんのからだにスパイシーな料理は負担です。特に赤ちゃんがまだ離乳食の頃にスープを作る場合は、大人用、赤ちゃん用を分けて作るように心がけましょう。それからハチミツもNGなんです。牛乳は1歳になるまでは料理に使用する以外は、そのまま飲ませないようにしましょう。

豆腐

大豆の栄養とおいしさを存分にまとめたもの。それが豆腐。つるりとした食感は赤ちゃんも大人も大好きです。豆腐さえあれば、どんな食材にも合わせやすいし、煮ても焼いてもいいので便利ですよ。

豆腐、豆乳、ほうれん草のスープ

材料
絹ごし豆腐　1/4丁
ほうれん草のペースト　小さじ1
豆乳　大さじ3

作り方
1　豆腐は沸騰した湯でさっとゆで、よくすりつぶします。
2　1にほうれん草のペーストと豆乳を少しずつ加えながらすり混ぜます（写真）。
3　全体が混ぜ合わさったら、鍋に移し入れ、火にかけひと煮させます。
＊ほうれん草のペースト…ほうれん草をやわらかくゆでてすりつぶし、湯でのばしたもの。

炒り豆腐

材料
豆腐　1/2丁　　　　砂糖　大さじ1/2
鶏むねひき肉　50g　しょうゆ　小さじ2
にんじん　2cm　　　塩　少々
ほうれん草　3茎　　サラダ油　少々

作り方
1　にんじんはせん切りに、ほうれん草はみじん切りにします。
2　フライパンにサラダ油を熱し、ひき肉を炒めます。ひき肉の色が変わったら、にんじんを加え、豆腐を崩しながら加えて炒め合わせます。
3　にんじんに火が通ったら調味料類を加え、ざっと合わせます。最後にほうれん草を加え、水分を飛ばしながら野菜がやわらかくなるまで少々煮込みます。

豆腐のステーキ

材料
豆腐　1/8丁　　　　青のり　少々
薄力粉　適宜　　　　サラダ油　少々
納豆（ひきわり）　少々
しょうゆ　少々

作り方
1　豆腐は水気をきり、表面に薄く薄力粉をはたきます。
2　フライパンにサラダ油を熱し、1を両面きつね色に焼きます。
3　お皿に盛り付け、しょうゆを加えた納豆をのせ、青のりをあしらいます。

bread
パン

お米と同様、パンも赤ちゃんの離乳食には欠かせない食材です。牛乳とコトコト煮てパンがゆにしたり、小さなフレンチトーストを作ったり。まずは、サンドイッチ用のやわらかくて薄いパンで始めてみてください。

すりおろしりんごパンがゆ

材料
サンドイッチ用食パン　1枚
すりおろしたりんご　1/8個分
牛乳　50cc

作り方
すべての材料を鍋に入れ、火にかけます。ひと煮立ちしたら、OK。
＊冷ましてから食べさせてあげましょう。

ふわふわフレンチトースト

材料
サンドイッチ用食パン　2枚
（卵液）
　卵　1個
　牛乳　大さじ2
　砂糖　少々
バター　少々

作り方
1 ボウルに卵液の材料を入れ、よく混ぜ合わせます。そこにパンを入れ、両面にしっかりと卵液をしみこませます。
2 フライパンにバターを熱し、1のパンを両面こんがりと焼き、食べやすい大きさに切ります。

パンピザ

材料
サンドイッチ用食パン　2枚
トマト・ピーマン・ソーセージ　各適宜
ケチャップ　少々
溶けるチーズ　適宜

作り方
1 食パンは丸型でくり抜きます。
2 トマト、ピーマン、ソーセージはそれぞれ小さめに切ります。
3 パンにケチャップを薄くぬり、2をのせてチーズを散らします。
4 オーブントースターで表面がとろけるまで焼きます。

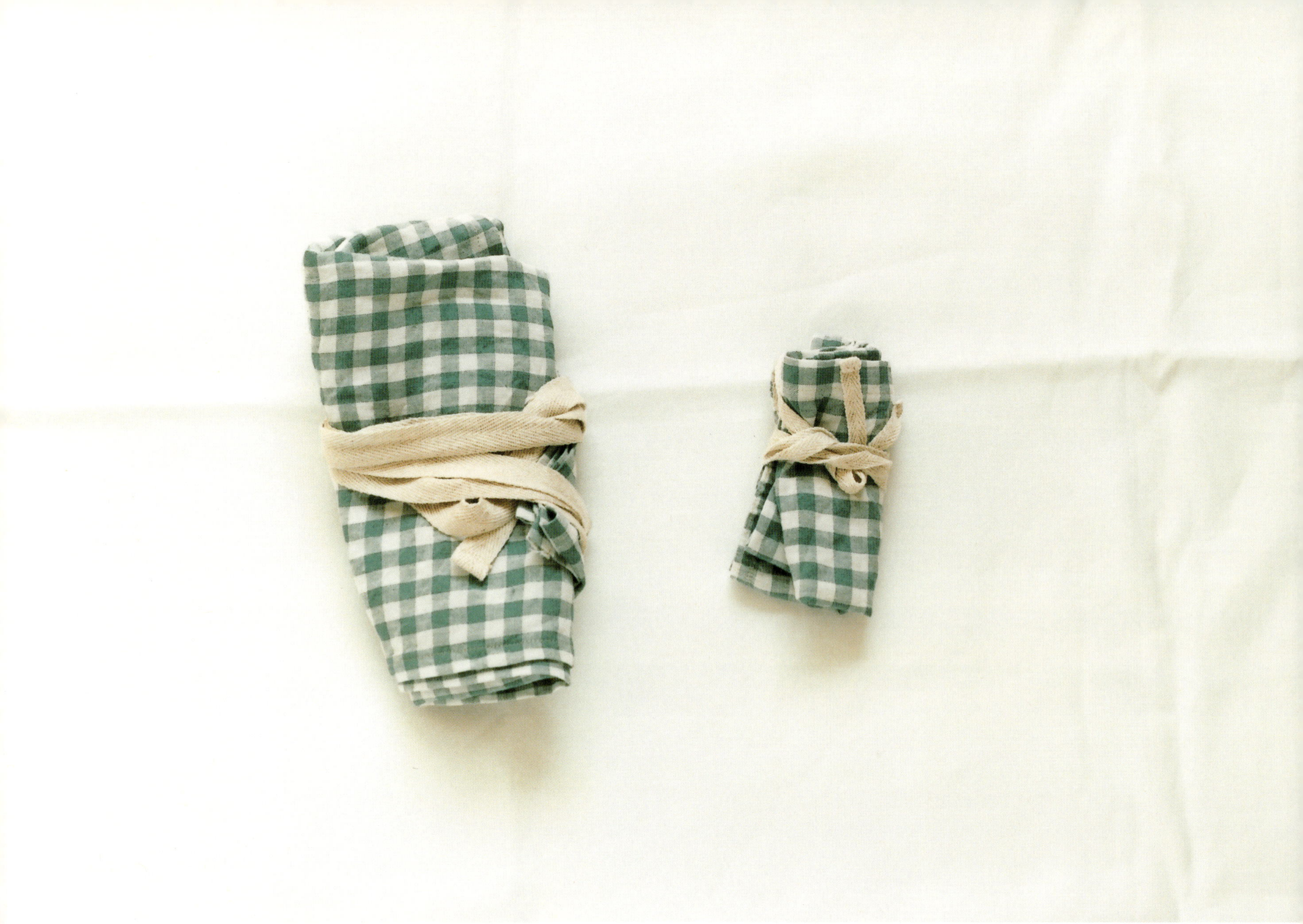

おわりに

離乳食は難しくない。
むしろ、カンタンなのではないかと思います。
大切なのは、忙しくても、
手間暇を惜しまないということ。
考えてみれば、既製品を開けるのも、
野菜の皮をむくのも
同じような手間がかかりませんか？
同じ手間なら、本物のおいしさを
与えてあげたいですよね。
離乳食は日々のこと。
そんなに毎日、きちきちと考えなくても
続けていくことで自然と手も頭も
動くようになりますから。

まずは、やってみようかなという
気持ちが大切です。

正直に告白すれば、私も最初は何がなんだか
分からず試行錯誤したこともありました。
それでも何とか既製の商品にはほとんど頼る
ことなく、ごはんを作ってきました。

それもこれもひとえに娘のおいしい笑顔のお
かげだと思っています。

ありがとう。

2005年　野口真紀

お世話になりました。
野口健志　野口うた　藤原洋子　羽鳥美和
ル・クルーゼジャポン株式会社　（順不同、敬称略）

スタッフ
構成・編集　　　　　赤澤かおり
デザイン　　　　　　芥　陽子（コズフィッシュ）
撮影　　　　　　　　市橋織江
スタイリング　　　　田中美和子
イラスト　　　　　　石坂しづか
料理アシスタント　　近藤　緑
製版ディレクション　金子雅一（凸版印刷）
進行　　　　　　　　藤井崇宏（凸版印刷）
販売管理　　　　　　下屋敷佳子（アノニマ・スタジオ）

こどもといっしょに食べる
はじめてのごはん

2005年 3月26日　初版第 1 刷　発行
2016年11月14日　初版第 6 刷　発行

著　者　　野口真紀
発行人　　前田哲次
編集人　　谷口博文
　　　　　アノニマ・スタジオ
　　　　　〒111-0051　東京都台東区蔵前 2-14-14 2F
　　　　　TEL 03-6699-1064　FAX 03-6699-1070
　　　　　http://www.anonima-studio.com
発　行　　KTC中央出版
　　　　　〒111-0051　東京都台東区蔵前 2-14-14 2F
印刷・製本　凸版印刷株式会社

内容に関するお問い合わせ、ご注文などはすべて上記アノニマ・スタジオまで
おねがいします。乱丁、落丁本はお取り替えいたします。本書の内容を無断で
複製・複写・放送・データ配信などすることは、かたくお断りいたします。

ISBN978-4-87758-609-6　C2077　©2005 Maki Noguchi, printed in Japan